Frédéric Mercey

L'Art moderne en Allemagne

Arts

 Le code de la propriété intellectuelle du 1er juillet 1992 interdit en effet expressément la photocopie à usage collectif sans autorisation des ayants droit. Or, cette pratique s'est généralisée dans les établissements d'enseignement supérieur, provoquant une baisse brutale des achats de livres et de revues, au point que la possibilité même pour les auteurs de créer des œuvres nouvelles et de les faire éditer correctement est aujourd'hui menacée. En application de la loi du 11 mars 1957, il est interdit de reproduire intégralement ou partiellement le présent ouvrage, sur quelque support que ce soir, sans autorisation de l'Éditeur ou du Centre Français d'Exploitation du Droit de Copie , 20, rue Grands Augustins, 75006 Paris.

ISBN : 978-1975713454

10 9 8 7 6 5 4 3 2 1

Frédéric Mercey

L'Art moderne en Allemagne

Arts

Table de Matières

L'Art moderne en Allemagne   6

Notes   31

L'Art moderne en Allemagne

Vers la fin du dernier siècle, les nouvelles doctrines littéraires venaient de triompher en Allemagne, et rien ne faisait encore pressentir dans les arts une révolution analogue. Tandis que les poètes et les philosophes proclamaient hautement la restauration du génie national, les peintres et les statuaires se traînaient encore à la suite de l'école française ou de l'école italienne modifiée par Mengs. Imitateurs serviles, ils se vouaient volontairement à l'oubli. À peine attiraient-ils sur leurs œuvres l'attention du petit cercle qui les environnait. L'obscurité qui les cachait aux yeux du monde s'étendait presque jusqu'à leurs devanciers. Les artistes de la France et de l'Italie ne parlaient de ces vieux maîtres de l'Allemagne qu'avec ce mépris confiant qu'inspire une incontestable supériorité. Quand les chefs de l'école gallo-grecque alors de mode, voulaient donner à leurs élèves des exemples de pauvreté de style, de sécheresse de dessin, de raideur et de dureté, ils les cherchaient au-delà du Rhin ; les tableaux d'Albert Dürer, de Lucas Cranach et d'Holbein, les seuls artistes de ces vieilles écoles qu'ils connussent, les leur fournissaient. Goethe et les critiques allemands, qui presque tous avaient adopté les idées de Winckelmann, ne différaient pas essentiellement d'opinion avec les critiques étrangers. L'admiration des monuments de l'art antique les rendait insensibles à tout autre genre de beauté. Quant aux artistes de l'Allemagne moderne, qui, vers 1800, végétaient dans les cinq ou six capitales du pays ; les Koch, les Wachter, les Schick[1], et qui mettaient en pratique les doctrines des arbitres du goût, je ne pense pas qu'au-delà du Rhin on soupçonnât même leur existence. Leurs noms n'étaient guère plus connus par-delà Mayence et Cologne que ceux de ces peintres qui, sur les bords du fleuve Jaune, décorent les pagodes du céleste empire. Quelques années plus tard, Mme de Staël, visitant les musées de l'Allemagne, s'était arrêtée de préférence devant les tableaux des grands maîtres de l'Italie, et nous avait décrit pour la millième fois *la Nuit du Corrège* ou *la Madone de Raphaël* qu'on voit à Dresde. Parmi les divers tableaux des peintres modernes, elle se rappelait seulement une tête du Dante qui avait un peu le caractère de la figure de l'Ossian de Gérard ; et pourquoi se la rappelait-elle ? parce que l'analogie lui semblait heureuse, « le Dante et le fils de Fingal pouvant se donner la main à travers les siècles et les nuages. » Les seuls noms dont elle se souvînt encore étaient ceux de Hartmann et de Schick.

Cependant, par une sorte de divination plus digne de son génie que ces *concetti* dont nous venons de citer un exemple, cette femme illustre, semblait pressentir la révolution qui devait suivre. Quoique l'école allemande manquât essentiellement de ce caractère d'originalité et de mysticisme que depuis elle a surtout affecté, quoique ses artistes imitassent docilement les artistes en vogue de Paris et de Rome, David ou Camuccini, elle prévoyait qu'une réaction était prochaine, elle devinait le caractère de cette réaction, et cherchait à prévenir ses excès. Comme elle avait blâmé Goethe apôtre de l'art antique, déclarant impossible le succès des tentatives mythologiques qu'il provoquait, elle condamnait les écrivains qui proclamaient dès-lors le christianisme comme la source unique du génie des modernes. « Peut-être ne sommes-nous capables, en fait de beaux-arts, ni d'être chrétiens ni d'être païens, s'écriait-elle ; ni l'art ni la nature ne se répètent. Ce qu'il importe seulement, dans le silence actuel du talent, c'est de détruire le mépris qu'on a voulu jeter sur toutes les conceptions du moyen-âge. »

Au lieu d'écouter ces conseils, dictés tout à la fois par le bon sens et par le génie, l'école nouvelle qui allait succéder à l'école grecque ne devait pas tarder à substituer à ce respect éclairé pour le génie du moyen-âge l'imitation aveugle des merveilleux monuments qu'il nous a laissés. Tout s'accordait, il est vrai, pour précipiter cette révolution et pour appeler sous les drapeaux de la réaction une nouvelle génération d'artistes. Le triomphe définitif de l'école littéraire romantique, l'influence irrésistible de ses doctrines, qui devait nécessairement s'étendre jusque sur les beaux-arts, le goût des anciens tableaux provoqué par de nouvelles études, qui se réveillait d'une façon si imprévue, et qui, dans les premières années de la paix, s'était répandu dans toute l'Allemagne, l'abus même que venait de faire l'école précédente du style des écoles italiennes postérieures aux Carraches et du style mythologique de l'école française, alors dominante, toutes ces causes se réunissaient pour déterminer une jeunesse naturellement enthousiaste, opposée de sentiments et d'intérêt à tout ce qui venait du dehors, et que l'esprit de nationalité exalté jusqu'au fanatisme soulevait d'ailleurs contre la France impériale, à s'ouvrir un chemin, qu'elle croyait nouveau, vers des régions de l'art qui, depuis des siècles, n'avaient pas été explorées.

Malheureusement cette révolution, dont le but était glorieux et légitime (il s'agissait de secouer le joug de l'imitation et l'autorité des écoles étrangères), cette révolution se laissa détourner de son objet par les influences qui l'avaient provoquée, mais qu'elle aurait dû dominer. Les artistes de l'école qui se proclamait nouvelle manquaient sans doute de cette imagination puissante qui féconde un sol en apparence épuisé ; égarés par les lois obscures d'une esthétique qui ne s'appuyait ni sur des faits ni sur des œuvres, ils s'occupaient beaucoup trop de théories de l'art pour le bien mettre en pratique. Au lieu d'appliquer les rares facultés dont ils étaient doués à l'étude de la nature, source de toute beauté, de toute grandeur, de toute vérité, ils les dissipaient dans des recherches érudites sur le passé, dans la pénible révélation de génies oubliés ou méconnus, et dans une puérile imitation de leurs œuvres, reflets effacés et périssables de la nature éternelle. Que dans cette imitation ils remontassent à Hemmeling, à Cimabuë et même aux byzantins, qu'ils recherchassent de préférence les procédés des premières époques, quelque nouveaux que ces procédés parussent alors, ils ne renonçaient pas moins pour cela à l'originalité. Ils obéissaient à l'inspiration d'autrui et non à leur inspiration propre, et, si l'on ne pouvait leur refuser le mérite assez contestable de la singularité, on pouvait leur refuser celui de la nouveauté.

La soif de la vérité peut conduire les esprits faibles au mensonge ; par horreur de l'affectation et de l'exagération théâtrale, ces enthousiastes du passé tombèrent dans la naïveté puérile et la simplicité outrée ; s'ils s'affranchirent d'une imitation, ce fut pour se précipiter dans une autre. Ils ne surent pas être de leur siècle, et rétrogradèrent brusquement jusqu'aux premiers temps de l'art, au lieu de prendre leur point de départ de leur époque, et de se mettre en marche vers l'avenir d'un pas assuré.

Le vrai n'est jamais dans les extrêmes. La perfection vers laquelle tout grand artiste doit tendre, ne se trouve pas plus à l'origine de l'art qu'aux époques de décadence. Indépendante des systèmes et des convenances d'école, des doctrines des hommes, des exemples même qu'ils ont pu nous donner, tout excellents qu'ils soient, cette perfection réside dans une certaine façon de voir propre à chaque individu, dans un tact exquis et personnel, dans cette sorte d'accord admirable du tempérament et de la science, de l'imagination et du bon sens, qui constitue l'excellence du goût et le sentiment juste de ce que l'on appelle l'idéal.

Cette haute indépendance nous paraît avoir manqué même aux chefs de la nouvelle école allemande, Frédéric Owerbeck, Philippe Veit et Henry Hess. Nous ne citerons pas Cornélius, plus original, quoique également voué à l'imitation, et qui nous semble devoir faire exception[2]. Ces prétendus novateurs oublièrent trop facilement que, pour rendre la réforme complète, ils devaient, avant tout, s'appliquer à développer les talents individuels, à laisser chacun de leurs disciples suivre l'impulsion de son caractère, et s'exercer d'après la manière de sentir et de voir qui lui était propre. Ils taillèrent un uniforme, le firent endosser à chacun des nouveaux convertis, et les rangèrent sous une seule et même bannière, la bannière religieuse du moyen-âge. Ils voulurent faire à leur époque une sorte de violence morale, et nous craignons fort que cette tentative, que le succès parut un moment couronner, ne soit préjudiciable à leur gloire. Nous ne sommes plus en effet au temps où la sainteté des mystères du catholicisme préoccupait exclusivement l'esprit des hommes, où le dogme était à la fois l'objet des méditations des docteurs, des chants du poète et des compositions de l'artiste. De nos jours la foi n'est plus que le partage du petit nombre ; et comment sans la foi se faire le peintre d'une croyance ? Quelques-uns des novateurs allemands abjurèrent, il est vrai, le protestantisme, mais plutôt pour établir une sorte de conséquence entre leurs œuvres et leurs doctrines, que pour obéir à une impérieuse conviction. Nous croyons donc que cette tentative de restauration de la peinture religieuse fut nuisible au progrès, que cette prétention de retremper l'art aux saintes eaux du baptême lui fut fatale ; elle conduisit nécessairement des artistes qui croyaient peu à l'imitation de ceux qui les avaient devancés et qui avaient cru sincèrement. Cette imitation modérée dans le principe et contenue dans certaines limites par les chefs du mouvement, se transforma bientôt en une sorte d'adoration exclusive des maîtres primitifs et de fanatique admiration pour leurs œuvres ; elle précipita la queue de l'école dans les plus incroyables excès ; de Giotto et de Cimabuë on remonta brusquement jusqu'aux byzantins.

L'Art moderne en Allemagne

L'axiome fondamental de la nouvelle école allemande, que répètent sous toutes les formes les théoriciens dont nous avons parcouru les ouvrages et dont nous avons cité les noms en tête de cet article, que professent les maîtres et que les disciples s'efforcent, à leur exemple, de mettre en pratique, c'est que l'art forme une chaîne qui ne peut être interrompue. C'est pour être fidèles à ce principe, dont ils font toutefois une application erronée, que ces inflexibles logiciens sont retournés aux traditions byzantines. Mais cette chaîne des arts ne remonte-t-elle donc pas bien au-delà des byzantins ? Au lieu de la reprendre à son origine, ils la reprennent seulement à une de ses interruptions, au brisement d'un des chaînons. Cornélius, le plus original des imitateurs, a dit quelque part qu'il y avait plus de mérite à suivre les anciens modèles qu'à se frayer une route nouvelle ; si Cornélius fût resté fidèle à cette maxime, il ne serait pas ce qu'il est. Uhland, qui faisait à la théorie de l'art une heureuse application du sentiment poétique, a professé des doctrines contraires que l'école aurait dû sérieusement méditer. Lorsqu'il retrouvait dans le conte de la Belle au bois dormant le symbole du long sommeil de la poésie nationale au fond des forêts allemandes, il pensait sans doute à la peinture sa sœur ; aussi opposait-il à la tendance à l'imitation qui se manifestait de toutes parts et qui ne pouvait que prolonger ce fatal engourdissement de l'art, le système de la force créatrice, qui agit isolément, incessamment, et qui tend à produire sans cesse du nouveau. Malheureusement sa voix resta sans écho ; l'imitation prévalut ; il est curieux de rechercher jusqu'à quel point, et d'examiner la valeur des modèles qu'étudièrent et que reproduisirent à l'envi ces prétendus restaurateurs de l'art.

La basilique de Saint-Marc à Venise est l'un des monuments les plus complets et les plus curieux de l'art au moyen-âge. Construite sur le modèle de Sainte-Sophie par des architectes venus de Constantinople, décorée de mosaïques par les artistes grecs, qui florissaient du IXe au XIIe siècle, elle offre dans toutes les parties que le goût des âges suivants n'a pas modifiées la révélation la plus curieuse de ce style de transition que l'on a appelé byzantin ; produit trop vanté d'une civilisation avancée et cependant incomplète, où la bizarrerie a remplacé la grâce, la fantaisie la règle, la richesse la correction, où la rudesse tient lieu de la force et l'esprit du génie.

Frédéric Mercey

Ce style n'est, après tout, que le style d'une époque de décadence ; croirait-on que ce soit le modèle que les disciples les plus avancés de la nouvelle école allemande, architectes ou peintres, se sont proposé d'imiter de préférence à tout autre ?

Un des principaux ornements de la basilique vénitienne, c'est la fameuse mosaïque du maître-autel appelée *la Pala d'Oro*. Cette mosaïque, ouvrage de peintres byzantins qui travaillaient à Venise vers le milieu du Xe siècle, offre une suite de compartiments représentant les principales scènes de l'ancien et du nouveau Testament, ou retraçant les évènements les plus saillants de la vie de saint Marc, des apôtres et des prophètes. Chacun de ces tableaux est accompagné de légendes grecques et latines demi-barbares. Leur aspect est étrange et, il faut le dire, repoussant ; on croirait voir des peintures sur verre collées contre un mur, c'est-à-dire dépouillées de leur transparence et de leur éclat. Que de fois cependant avons-nous vu ces jeunes peintres allemands, adeptes exaltés de la nouvelle école, se grouper devant ces mosaïques, copier jusqu'à leur coloris à demi effacé, et pousser le fanatisme de l'imitation jusqu'à reproduire dans leurs tableaux ces imperfections matérielles !

La composition de chacun des sujets de cette grande mosaïque, pris isolément, ne manque pas d'une certaine vigueur naïve. Leur ensemble a de la grandeur. Les poses traditionnelles et hiératiques des principaux personnages des diverses légendes sont remplies d'une rude et sauvage majesté. Mais quelle bizarrerie dans la disposition des groupes ! quelle incorrection dans les détails de forme ! quelle sécheresse dans le dessin, où toutes les règles de la perspective linéaire sont mises en oubli ! quelle grossièreté dans l'ensemble ! La distance de ces mosaïques, chefs-d'œuvre de l'art byzantin, aux mosaïques grecques de Pompeï est immense. Les procédés peuvent être les mêmes, les résultats sont différents. L'art, arrivé chez les Grecs à la plus haute perfection, est retourné à son enfance.

L'art byzantin, en effet, n'est que le produit d'une décadence à laquelle une nouvelle idée religieuse a imposé un caractère de mystique originalité bien différent du symbolisme antique. Sous l'influence de l'idée chrétienne toute nue, la terreur et la rudesse ont remplacé la force et la grâce, la foi a détrôné l'amour.

Nous ne pouvons trop le répéter, pour bien comprendre le caractère de cette renaissance byzantine que tentent les artistes de l'Allemagne moderne, que prêchent ses écrivains, et pour en reconnaître toute la vanité, il faudrait étudier la décadence de l'art antique. Nous verrions que ces monuments que nous ont laissés les Grecs du bas-empire, et que l'on s'avise si singulièrement de nous présenter comme autant de chefs-d'œuvre, ne sont que le résultat d'une suite d'altérations successives des grands et beaux modèles que l'antiquité avait légués aux âges suivants ; altérations dues à l'ignorance ou à la maladresse d'artistes sans talent et aux influences d'une nouvelle doctrine religieuse dont les adeptes avaient besoin d'images qui les frappassent fortement. Il serait facile de suivre, siècle par siècle, les progrès de cette décadence, à partir de la première renaissance grecque sous Adrien, jusqu'au jour où les croisés, maîtres de Constantinople, battirent monnaie avec les statues d'Hercule et d'Hélène, et avec la Junon de Samos, ce chef-d'œuvre de Lysippe. On verrait cette décadence, déjà sensible sous les successeurs d'Adrien, se continuer sous Constantin et sous Honorius, et, lors de l'abolition des sacrifices, la destruction des idoles et l'application des temples au nouveau culte, obéir à une violente et rapide impulsion. Ces images et ces statues, nécessairement symboliques, devaient être nombreuses, et, du moment qu'elles affectaient un certain caractère typique, le vulgaire les regardait comme accomplies ; de là l'extrême négligence des artistes chargés de les exécuter. Lors des grandes dissensions des iconoclastes et des iconolâtres, l'art byzantin, soumis à certaines règles hiératiques, avait, quant aux représentations de la Divinité, des anges et des saints personnages, une singulière analogie avec l'art égyptien. La peinture religieuse n'était plus qu'une sorte de langage hiéroglyphique à l'usage des initiés, qui s'adressait plutôt à l'esprit qu'aux sens des fidèles devenus plus nombreux. C'est alors que le crucifix, emblème des suprêmes douleurs de l'âme et du corps, remplaça les riants symboles du paganisme, qui s'appuyait sur la volupté. Le Christ, la Vierge, les anges, les apôtres et les saints eurent chacun un caractère spécial, ou plutôt un moule propre dont ils ne purent s'échapper. Ce caractère ne s'altère sensiblement que lors de la conquête de Constantinople par les Latins. Mais ce moule ne fut complètement brisé qu'au moment du triomphe définitif de la

Frédéric Mercey

renaissance italienne, cette réaction de l'art antique contre la décadence qui prévalait depuis si longtemps, réaction dont les Siennois et les Pisans donnèrent les premiers le signal.

A l'appui de cette théorie de l'art byzantin, nous pourrions au besoin citer une foule d'exemples que les monuments nous fourniraient ; mais toutes preuves de ce genre nous paraissent superflues. Elles ne convaincraient pas ces esprits enthousiastes qui préfèrent la bizarrerie à la vérité, que le curieux séduit à l'égal du beau, et qui, par horreur de la réalité, qu'ils proclament matérielle et basse, se perdent dans les régions d'un vague mysticisme et d'un symbolisme puéril.

Les écoles allemandes qui dominent aujourd'hui ne se proposent sans doute pas de rétablir ce moule uniforme et absolu. La foule elle-même, si facile à se prendre d'enthousiasme pour tout ce qui est bizarre et nouveau, rejetterait avec dégoût ces grossiers simulacres, que pouvait seule accepter une civilisation étouffée sous le suaire du mysticisme. C'est plutôt l'esprit que la lettre que les chefs voudraient remettre en honneur. Cet esprit, ils le cherchent dans les premiers monuments de l'art italien si visiblement empreints du sentiment byzantin, comme dans les monuments grecs eux-mêmes. Ils recommandent à leurs élèves l'étude des vieux maîtres ultramontains qu'ils regardent comme le complément de celle des maîtres byzantins ; ils ont là-dessus de ces théories absolues et de ces bizarres prédilections qui étonnent tant ceux qui ne connaissent pas les singulières fantaisies de l'esprit allemand [3].

On montre au musée de Bologne une tête de madone que l'on attribue à saint Luc. Si l'on en croyait la tradition, ce saint l'aurait peinte vers l'an 50 de notre ère. Cette tête, évidemment byzantine, a servi de modèle aux innombrables images de Vierge qui, du Ve au XIVe siècle, décorèrent les autels et les absides des temples. Détrônée vers le XVe siècle par les madones de Pérugin et du Raphaël, cette Vierge est redevenue de nos jours un des types favoris des peintres de la nouvelle école allemande. MM. Eberhard et Schraudolph l'ont reproduite à l'envi sur les fonds d'or de leurs tableaux à compartiments. D'autres, comme M. Eggers, s'efforcent de rendre à la figure du Christ ce caractère de rudesse hautaine et implacable que les Grecs lui avaient donné, et que Michel-Ange lui-même, tout en la matérialisant davantage, lui avait conservé.

Nous retrouvons également, dans les tableaux de ces peintres mystiques, la reproduction de la divinité telle que la comprenaient les artistes primitifs C'est évidemment le Jupiter des Grecs qui a servi de premier modèle â cette image de Jéhovah. Sa barbe est noire et frisée, ses yeux sont fixes et pénétrants ; son front a toute la majestueuse sérénité de celui du dieu d'Olympie. Des anges aux ailes d'épervier, bleues ou pourpres, se détachent sur le ciel d'or de ces tableaux. L'image de l'homme y est toujours rude, grossière, écrasée. Chez ceux-là, l'imitation est excessive et tend au pastiche.

D'autres enfin, comme les maîtres des grandes écoles de Munich, de Dresde, de Berlin et de Francfort, Owerbeck, Hess, Schadow, Veit et Vogel, ont modifié ce qu'un semblable mode d'imitation avait de trop absolu. Ils ont gardé le sentiment byzantin qu'ils se sont efforcés d'allier aux formes plus sveltes et plus délicates des premières écoles italiennes. Leurs anges, leurs saints, leurs martyrs et leurs vierges ont ces formes grêles, élancées et presque diaphanes, cette maigreur ascétique, cette expression souriante et réfléchie, parfois même extatique, que Raphaël remplaça par la plus haute perfection de la forme, par la grâce angélique, par l'irréprochable beauté.

Nous nous croyons tout-à-fait exempt d'influence et de préjugés d'école. Le seul culte que nous professons, c'est celui de la nature et du beau ; nous ne pouvons donc que nous élever, au nom des immuables principes, contre cette exaltation d'un art, altération de l'art véritable. Encore une fois, nous croyons que c'est plutôt par amour de la singularité, par erreur ou caprice de jugement, par corruption du sentiment et du goût, que par conviction et sincérité, que tant de gens de talent, artistes ou critiques, en sont venus à proclamer, les uns par leurs écrits, les autres par leurs tentatives de résurrection plutôt que de renaissance, que le beau, le grand, le vrai, résidaient surtout dans les œuvres de ces artistes des premières époques de l'art moderne.

Remarquons, en passant, que ces caprices d'archaïsme n'appartiennent pas seulement à notre époque, mais à toutes les époques avancées. Nous pourrions signaler des exemples de tentatives analogues chez les Grecs et chez les Romains ; mais eux, du moins, étaient de bonne foi dans l'imitation, ils s'avouaient franchement faiseurs de pastiches. Les antiques chefs-d'œuvre de la statuaire, de la céramique ou de la peinture ayant une haute valeur, ils les imitaient le mieux qu'ils pouvaient, non par amour de cet art suranné, mais par spéculation.

Outre cette tendance à l'imitation, naturelle aux écoles des époques érudites, un autre écueil s'est offert aux peintres de l'Allemagne moderne, contre lequel leur talent a échoué : l'abus de la pensée. C'est par là surtout que pèchent les écrivains, les philosophes et les poètes d'au-delà du Rhin, et les peintres ont failli comme eux. « A peine les artistes allemands ont-ils une impression, qu'ils en tirent une foule d'idées, a dit quelque part Mme de Staël ; ils vantent beaucoup le mystère, mais c'est pour le révéler, et l'on ne peut montrer aucun genre d'originalité en Allemagne sans que chacun vous explique comment cette originalité vous est venue. C'est un grand inconvénient, surtout pour les arts, où tout est sensation ; ils sont analysés avant d'être sentis, et l'on a beau dire après qu'il faut renoncer à l'analyse, l'on a goûté du fruit de l'arbre de la science, et l'innocence du talent est perdue[4]. » De nos jours cela est peut-être encore plus vrai que du temps de Mme de Staël, cette innocence est plus complètement perdue que jamais, et cela est d'autant plus sensible que les gens de talent se croient obligés de l'affecter. Ils ressemblent à ces actrices sur le retour qui jouent les ingénues ; les grimaces et le rouge paraissent toujours.

Il en est d'autres que l'abus de la pensée conduit à la recherche continue des symboles, et par suite à l'exagération et à l'obscurité. Qu'arrive-t-il même à la suite de leurs combinaisons les plus savantes ? C'est que les plus éminents d'entre eux, MM. Owerbeck, Hess et tant d'autres sont quelquefois obligés d'écrire un livre pour faire comprendre le tableau qu'ils viennent d'achever. Naguère encore M. Owerbeck s'est trouvé dans ce cas. Sans le secours de la brochure qu'il a publiée, sa grande fresque du *Triomphe de la religion dans les arts*, la plus capitale de ses compositions, serait demeurée une sorte d'énigme dont le public aurait eu peine à trouver le premier mot. C'est là, du reste, un défaut inhérent à ces sortes de peintures synoptiques et symboliques. Le dernier ouvrage de M. Delaroche, si remarquable sous tant de rapports, pourrait nous fournir plus d'une preuve concluante à l'appui de cette assertion. Le nombre de ceux qui ont compris dans toute son étendue la pensée du peintre est peut-être fort restreint.

M. Hippolyte Fortoul, tout en reconnaissant ces défauts de la nouvelle école germanique, dans le livre qu'il vient de publier sur *l'Art en Allemagne*[5], nous a paru beaucoup trop disposé à les excuser, et, disons plus, à les imiter. L'esthétique allemande a trouvé tout à la fois en lui un traducteur et un apôtre passionné. Le fond de ses théories, la forme audacieuse et parfois confuse dont il les revêt, l'enthousiasme qu'il affecte et dont il fait le bizarre auxiliaire de la critique, tout cela semble autant d'emprunts aux habitudes des théoriciens des écoles contemporaines, aux Rumorh, aux Boisserée, aux Dursch, aux Ottfried Müller. Ardent, comme les néophytes le sont toujours, M. Hippolyte Fortoul, dans l'exposition de ces doctrines nouvelles, s'est laissé trop souvent emporter à d'étranges écarts ; il a voulu ressembler aux maîtres, et comme eux il court le risque non-seulement de n'être pas compris, mais même de ne pouvoir lui-même se parfaitement comprendre. Nous le mettrions, par exemple, au défi de nous donner une explication satisfaisante de l'application de *la formule ternaire théologique* à l'histoire de l'art, dont il assure avoir fait la base de son système, application qu'il assure même avoir faite à l'ensemble de son livre, au fond duquel, assure-t-il, on doit la retrouver. Nous avons vainement cherché dans le livre de M. Fortoul quelque chose de semblable, nous n'y avons trouvé qu'une suite d'articles souvent intéressants, quelquefois singuliers, sur les sujets les plus divers : architecture, peinture, sculpture et musique ; art grec, italien, bysantin et allemand ; revue succincte des écoles, description de monuments, biographie des grands artistes, le tout souvent confus, chargé de répétitions, en un mot disposé sans méthode, et manquant absolument d'ensemble, quelque effort qu'ait pu faire M. Fortoul pour être méthodique, quelque prétention qu'il affecte à un grand ensemble. Nous nous occuperons, dans l'occasion, de quelques-unes de ces vues de détail de M. Fortoul ; revenons à notre sujet.

Cet abus de la pensée chez les artistes allemands tient souvent à l'influence trop marquée que les gens de lettres ont toujours exercée sur les peintres, influence qu'un de leurs critiques, M. de Rumorh[6], nie tout-à-fait à tort. Cette influence est fort sensible. Il suffit, pour se bien convaincre de ses effets, de jeter seulement un rapide coup d'œil sur les sujets que traitent de prédilection les peintres des principales écoles. Souvent, il est vrai, ces artistes ne se sont faits que les traducteurs des poètes et des romanciers, et nous ne pouvons les blâmer lorsque cette traduction s'applique à des ouvrages que le succès a consacrés. Le roi de Bavière faisant paraphraser, par ses peintres, Homère, Hésiode, Pindare, Anacréon, Eschyle et Aristophane, nous a paru obéir à une heureuse inspiration d'artiste et d'homme de goût. Les critiques que nous pourrions faire de ces grands travaux s'appliqueraient donc moins au système qui les a conçus et dirigés qu'au mode d'exécution suivi pour les exprimer ; l'ensemble et l'unité qui les caractérisent méritent l'approbation de la critique, qui ne saurait trop encourager toute tentative de ce genre ; ces qualités ne compensent cependant pas absolument ce que l'exécution matérielle a de défectueux.

Ce même système de traduction peinte appliqué aux grandes épopées allemandes mérite également d'être approuvé ; la poésie héroïque, comme la fable et l'histoire, sont du domaine de la peinture ; mais lorsque l'artiste, par une application erronée de son art, veut exprimer des abstractions, lorsqu'il prétend exposer un système de philosophie ou développer une théorie morale, il fait fausse route, s'égare dans les ténèbres, ou se perd dans les nuages. On a dit quelque part, avec une apparence de raison, que le peintre devait se borner à donner un corps et une forme à la pensée que le philosophe lui fournirait ; nous croyons que l'on serait plus près du vrai en exhortant le peintre à être tout à la fois le metteur en œuvre et le penseur, l'artisan et le philosophe ; obligé de se comprendre, il courrait moins souvent le risque de rester incompréhensible ; les fantômes qu'il aurait créés, produit de son imagination et non du calcul, auraient droit d'émouvoir le public, ce juge capricieux que dégoûtent d'abstraites personnifications, que glacent de froids symboles.

M. Fortoul prétend quelque part que les travaux de Heyne, de Woss, de Boecke, d'Ottfried Müller, de Schelling et de Hegel sont le principe et le vivant commentaire de ceux des Schwanthaler, des Zimmermann et des Hess, les peintres du panthéisme, comme ceux-là en sont les poètes et les docteurs ; nous sommes cette fois tout-à-fait de l'avis de M. Fortoul. Mais cette vérité, qu'il proclame à la louange des artistes, nous paraît à nous un motif de blâme. La seule application raisonnable du panthéisme à la peinture et à la sculpture, à l'art en un mot, a été faite il y a deux mille ans par les

Phidias, les Apelles, et par toute la brillante génération des artistes grecs. Le panthéisme, chez eux, n'était qu'une poétique union de la forme et de la pensée, et non une explication de la pensée par la forme. Ces grands artistes recouvraient d'images palpables, naturelles et d'une incomparable beauté, les riantes fictions des poètes dont ils reproduisaient, à l'aide du marbre où du pinceau, les personnifications symboliques. Ces dieux dont ils peuplaient leurs temples avaient des formes consacrées, des intérêts humains et des passions toutes physiques ; leurs attributs, toujours les mêmes et faciles à saisir, frappaient vivement la foule, qui voyait en eux des êtres d'une nature supérieure, mais avec lesquels elle pouvait néanmoins sympathiser. Protecteurs de ses faiblesses, complices de ses passions, ils plaisaient autant à ses sens qu'à son intelligence, tandis que ces abstractions que les panthéistes allemands ont tenté de traduire et de populariser à l'aide d'obscurs symboles, difficilement compris par un petit nombre d'initiés, ne parlent que confusément à l'intelligence et ne s'adressent jamais aux sens.

C'est là leur gloire, leur titre suprême aux suffrages des esprits d'élite, aux sympathies de la haute critique, s'écrieront d'aveugles adeptes, de fanatiques admirateurs. Nous apprécions à toute leur valeur l'élévation de la pensée, la noblesse et la recherche savante du style, mais la solennité prétentieuse, le grandiose ampoulé, la pensée qui s'isole trop complètement par l'abstraction, nous laissent froids et sans émotion ; le peintre qui sacrifie absolument la forme et la couleur à la pensée, au lieu d'être à la fois le modeleur et le coloriste de l'idée et l'esclave de la forme, ne sera jamais qu'un artiste d'un ordre secondaire. La peinture, ce moyen par excellence d'émouvoir l'homme par la reproduction parfaite et choisie de la forme, doit parler autant aux sens qu'à l'esprit, dût-elle être ensuite accusée de matérialisme ; le culte de la forme ne peut jamais être indépendant du culte de la matière, l'un ne pouvant exister sans l'autre.

Ce système panthéo-spiritualiste des Allemands, bien différent de l'idéal du siècle précédent, de cet idéal prêché si éloquemment par Winkelmann et ses disciples, est aussi faux dans son sens. Il mène à la *convention* et à la *manière* par des voies différentes. L'idéal de Winkelmann, renouvelé des statuaires de la Grèce antique, proposait à l'artiste un singulier problème, la formation d'un tout complet et irréprochable au moyen de fragments épars et rapportés. Il abolissait l'unité naturelle et typique à laquelle on peut arriver encore en choisissant la forme, en la corrigeant même s'il y a lieu, mais non pas en la déplaçant et en la dénaturant. Le spiritualisme des écoles contemporaines n'a pas si grand souci de la forme : il la veut, il est vrai, une et naturelle, c'est là son côté louable ; mais il s'inquiète peu de sa perfection, pourvu qu'elle exprime suffisamment certaines abstractions. L'individualité ainsi comprise perd toutefois ce caractère de vérité qui lui est propre ; elle n'est plus pour les chefs d'école qu'une sorte de représentation conventionnelle, de langue plus frappante que la langue écrite, et plus propre qu'elle a développer certaines idées philosophiques ou religieuses. Nous ne devons pas être surpris si pour mieux la parler, si pour être plus complètement ascétiques, les promoteurs de la révolution religieuse opérée dans la peinture allemande se sont crus sérieusement obligés d'abjurer le protestantisme, ce culte de la raison. Jaloux de cimenter le plus étroitement possible l'alliance de la religion et de l'art, la secte nouvelle, dite dès-lors *nazaréenne*[7], voulut se laver par le baptême de sa souillure matérialiste ; ses adeptes songèrent dans cette circonstance à établir une corrélation intime et tout-à-fait conséquente entre leur talent et leurs croyances, à mettre en pratique ce système de la solidarité de l'art et de la vie que M. Frédéric Schlegel a développé dans ses écrits.

Les chroniqueurs allemands nous racontent avec une bonne foi toute naïve la tradition suivante : Un artiste tyrolien peignait, dans l'une des coupoles d'Inspruck élevée de deux cents pieds au-dessus du sol, un portrait de saint Jean. Pour mieux juger de l'effet d'une main qu'il venait d'achever, le peintre se recula de quelques pas, oubliant que derrière lui se trouvait le vide. Il tomba et se croyait perdu, quand tout à coup il sentit la main du saint qu'il venait d'achever qui le saisissait, et qui, s'allongeant de deux cents pieds, le déposait doucement sur le pavé du temple. Cet artiste croyait, la foi le sauva. Nous douterions fort qu'elle produisît les mêmes miracles en faveur des *nazaréens* et des peintres leurs disciples. Ces conversions venues à point et dans un but évidemment intéressé ne nous ont jamais paru bien sincères. Henri IV, nouveau converti, disait avec une sorte d'énergique franchise : *Paris vaut bien une messe*. A une ou deux exceptions près, les *nazaréens* ont bien pu, sinon dire, du moins penser qu'une réputation de peintres originaux valait bien une nouvelle profession de foi.

L'histoire de cette conversion des peintres ultramontains, et tout le chapitre des *Allemands à Rome*, forment, avec la description des nouvelles collections de Munich et diverses notices sur les premières écoles italiennes, la meilleure partie du livre de M. H. Fortoul, celle où règne une critique saine et indépendante. M. Fortoul nous raconte d'une manière vive et naturelle l'histoire de ces apôtres de la nouvelle doctrine, depuis leur modeste établissement dans les ruines abandonnées d'un couvent de Rome, jusqu'au jour de leur triomphe et de leur glorieux retour dans leur patrie.

En remontant avec M. Fortoul à l'origine du mouvement *néo-chrétien* de l'école allemande moderne, nous la trouverons tout à la fois dans les influences que nous avons déjà signalées et dans un de ces caprices des faiseurs de collections, qui, par une simple tactique de spéculateurs, voulurent réveiller le goût blasé du public et substituer une mode à une autre, la mode de l'*altdeutsch* et du *giottesque* à celle du style grec et du style composite italien que Mengs et l'école de David d'une part, de l'autre le Bernin, Battoni et Appiani, avaient poussés à leurs plus extrêmes conséquences.

Les frères Boisserée (Sulpice et Melchior) furent donc aussi de véritables *résurrectionnistes*. La collection des vieux maîtres allemands qu'ils avaient mis tous leurs soins à rassembler et ensuite à populariser, exerça sur l'imagination des artistes contemporains une immense influence, et tourna de ce côté tout nouveau leurs études. M. Solly, arrivant avec la riche moisson de tableaux des maîtres primitifs qu'il avait recueillis en Italie, acheva ce que les frères Boisserée avaient commencé. Dans le principe, cette passion pour les écoles archaïques fut aveugle. Des amateurs sans discernement achetèrent tout ce qui était vieux, la date à leurs yeux établissant seule le mérite d'un tableau ; des artistes sans goût étudièrent tout ce qui ne dépassait pas la première époque, comme si chacun des peintres des écoles primitives avait eu nécessairement du talent. Vers 1816, les Italiens, exhumant à l'envi de leurs greniers de vieux rebuts de collections poudreux et vermoulus, disaient, avec cette bonhomie railleuse qui leur est propre : *Questa robba farrebe figura in Germania*.

Frédéric Mercey

En peinture comme en métaphysique, les Allemands ont un grand homme tous les deux ans. Les interminables listes que le comte Raczynski a jointes à sa volumineuse et intéressante publication, sur l'histoire de l'art moderne en Allemagne, prouveraient au besoin l'exactitude de cette assertion. Depuis Cartzens jusqu'à Kaulbach et Schwanthaler, le nombre de ces artistes soi-disant supérieurs, qui se sont succédés et qui se sont placés, à divers titres, à la tête des différentes écoles allemandes, a été singulièrement considérable. Le nombre de ceux dont les noms ont surnagé au-dessus du torrent d'oubli est comparativement bien restreint. Amus Cartzens, qui a fait de si bizarres applications de l'esthétique allemande à l'art antique, est encore l'un de ceux dont la gloire est restée la moins contestée. L'analogie que M. Fortoul établit entre ce peintre et André Chénier nous a paru manquer de justesse. Amus Cartzens, tout en peignant des sujets antiques : Homère chantant l'Iliade, Hélène sur les murs de Troie, etc., est beaucoup plus allemand que grec. André Chénier, même dans ses iambes que dicte la passion du jour, la circonstance présente, est beaucoup plus grec que français.

Quels sont, après Cartzens, les artistes vraiment populaires de l'Allemagne moderne ? Nous nommerons Cornélius, Owerbeck, Hess, Veit, Kaulbach, Schadow, Schnorr et Schwanthaler, et peut-être des esprits sévères trouveront-ils encore cette liste bien longue. Quant à nous, en la proposant, nous faisons nos restrictions. En citant ces noms comme populaires, nous ne les présentons pas comme irréprochables ; nous aurions voulu que M. Fortoul obéît à des scrupules analogues. Cette exaltation trop continue de gloires fort douteuses, souvent même de médiocrités reconnues, et que leur seule bizarrerie semble recommander à son suffrage, est peut-être le défaut capital de son livre. Ces artistes, dont il devrait soumettre les œuvres au froid examen d'une critique désintéressée, paraissent exercer sur ses opinions et ses jugements une influence trop exclusive. On le voit insensiblement se rapprocher de ceux que, dans le principe, il semblait condamner. Il excuse d'abord leurs défauts, puis il les approuve, et il finit par se passionner pour d'aventureux essais, de hasardeuses théories. Cette aveugle manie d'archaïsme que nous reprochions tout à l'heure aux artistes allemands, devient à ses yeux leur premier titre de gloire, il exalte les œuvres conçues dans cet esprit ; il reproduit, en les aggravant, leurs étranges systèmes de l'application exclusive de la peinture à l'architecture. Descendant de ces hauteurs et s'occupant de détails matériels, il regrette les fonds d'or des fresques des byzantins, la disposition naïvement compliquée de leurs mosaïques, l'aspect rude et hautain de leurs personnages, l'uniformité de leurs symboles. A l'en croire, l'artiste qui veut, de nos jours, donner une véritable puissance à la peinture monumentale, doit lui appliquer avec discernement les procédés du bas-relief sculptural. « Il doit non-seulement renoncer aux grands effets de la perspective, mais encore sacrifier la saillie naturelle des corps représentés sur les premiers plans. Il faut qu'il sache manifester en quelque sorte l'idée toute pure à l'aide d'une composition simple et savante, qu'il subordonne enfin les effets de la couleur à ceux du dessin. »

Nous ne pouvons trop hautement condamner ce système, qui ne tend à rien moins qu'à annihiler la peinture, le premier des trois grands arts du dessin, celui qui doit parler à l'esprit de la façon la plus éclatante, au profit de l'architecture, cet art né du besoin et non du luxe. La peinture, c'est la vie humaine reproduite à l'aide de la forme et de la couleur. Se borner à en faire la reproduction de l'idée pure, comme le prétendent les artistes de l'Allemagne et M. Fortoul après eux, c'est l'assimiler à une sorte de langage hiéroglyphique, à une traduction froide et stérile de la pensée ; de cette traduction à la légende écrite, il n'y a qu'un pas, que d'abstraction en abstraction on aura bientôt franchi.

Avec cette façon de voir, il était encore naturel que M. Fortoul fît dater la décadence de la grande peinture du jour où les peintres de Sienne et Florence firent descendre leurs figures de ces ciels d'or qu'il regrette, pour les placer au milieu de fonds possibles et existants. C'est là une conséquence nécessaire de son système. M. Fortoul s'y montre constamment fidèle. S'il n'a que d'amères critiques, que des paroles de blâme pour ces peintres qui popularisèrent la peinture, qui d'un art mystique, réservé à un petit nombre d'initiés, en firent un art réel et humain, il applaudit en revanche, et sans restrictions, à ces essais incomplets de rénovation byzantine que tentent journellement les peintres de l'Allemagne. S'il a des mots d'éloge pour M. Henry Hess, c'est que ce peintre a décoré dans ce style bizarre l'église de *tous les saints* ; singulier monument d'une époque érudite et dénuée d'invention, dans l'ensemble duquel M. Klenze s'est appliqué à copier l'art byzantin avec la même exactitude qu'il avait mise à copier l'art antique dans le Valhalla.

Goethe appelle le zénith des arts le passage de la peinture hiératique et conventionnelle des Grecs du bas-empire à la peinture imitative des Allemands. Ce mot de Goethe nous paraît résumer assez exactement le livre de M. Fortoul, qui n'a fait que développer, en la complétant, l'idée du philosophe de Weimar. Les preuves ne nous manqueraient pas si nous voulions établir la justesse de cette assertion. Vingt passages du livre de *l'Art en Allemagne* démontreraient surabondamment que, si M. Fortoul n'a point osé se déclarer ouvertement byzantin, il n'a jamais hésité à avouer hautement ses prédilections pour les peintres de l'époque de transition qui a précédé la renaissance grecque, vieux maîtres des écoles allemandes ou fresquistes italiens des écoles primitives de Sienne, Florence et Pise. M. Fortoul n'ose peut-être pas se l'avouer, il est certain néanmoins qu'il fait partir la décadence de Raphaël, *le premier corrupteur du goût*, si l'on en croit les fanatiques d'une école dont cet écrivain est, il est vrai, l'un des organes les plus modérés. Faut-il s'étonner si, cédant aux mêmes influences, il condamne tout ce qui est postérieur au peintre d'Urbin, s'il accuse de faux brillant et de boursouflure les artistes de Venise, s'il reproche au Corrège jusqu'à cette grâce enchanteresse, qu'il ne craint pas de qualifier de mignardise et d'afféterie ; si dans *la Communion de saint Jérôme*, le chef-d'œuvre du Dominiquin, il signale des concessions déjà trop fortes faites à la réalité.

Quand cet écrivain, qui touche parfois à la vérité, professe ces étranges hérésies, il obéit, il faut le dire, à des inspirations étrangères, il suit aveuglément une route ouverte par des esprits plus curieux que sincères, plus amis de la singularité que de la vérité. Croira-t-on, par exemple, que, lorsque M. Fortoul conseille « aux écoles qui sentent le besoin de se régénérer, de sauter par-dessus la tradition vénitienne d'où toute la décadence, à ce qu'il nous assure, a procédé, pour ressaisir, avec la tradition florentine, le germe pur et primordial de l'art, et qu'il ajoute que le dessin est la langue même de la peinture dont les couleurs ne sont que les bruits ; » croira-t-on que cet historien de l'art obéisse à des inclinations naïves et personnelles ? Ne sera-t-on pas plutôt fondé à penser qu'il ne fait que reproduire, en quelque sorte textuellement, les théories que les professeurs allemands développent dans leurs écoles, et les écrivains dans leurs livres ? Si l'on avait là-dessus quelques doutes, qu'on s'enquière des principes enseignés par les plus célèbres de ces professeurs, que l'on parcoure les ouvrages cités en tête de ce travail. Voici l'abrégé de leurs doctrines résumées par l'un d'eux, le peintre Schlotthauer, directeur de l'académie de Munich « On développera la réflexion et le sentiment avant tout, mais surtout avant l'imagination et l'adresse ; on sacrifiera donc la couleur et la touche au dessin et à la correction de la forme. Comme application de ce principe, on dessinera d'abord d'après la bosse ; les modèles à imiter seront choisis de préférence parmi les fragments de statues antiques de *la première époque grecque*, c'est-à-dire antérieurement à Phidias. Quand l'élève sera sûr de son dessin et que le moment de peindre sera venu, on ne lui donnera à copier que des ouvrages choisis *chez les maîtres antérieurs à Raphaël.* »

M. Fortoul n'a donc fait que rafraîchir ces systèmes, que depuis vingt ans les Allemands professent, et qui dans vingt ans seront usés, même chez nous. Il a renouvelé en partie le vocabulaire épuisé de ces théoriciens souvent obscurs, il a varié leurs définitions devenues vulgaires ; il n'a rien changé au fond de leurs idées. Ses oppositions continuelles des systèmes *doriens* et *ioniens* ne sont qu'une façon érudite de caractériser l'éternel antagonisme de la force et de la grâce. Il pousse l'abus de ces définitions néologiques jusqu'à la bizarrerie, quand, par exemple, il caractérise d'ioniennes et de doriennes les diverses expressions que les différentes écoles ou époques ont données à la figure du Christ. Le Christ menaçant et terrible des byzantins et de Michel-Ange est, à l'en croire, un Christ *dorien* ; le Christ de Léonard de Vinci et de Raphaël est un Christ *ionien*[8]. Cet abus devient excessif et touche au ridicule lorsque M. Fortoul oppose entre eux les trois accents *grave, aigu* et *composé* (pourquoi pas circonflexe ?), comme il a opposé les deux caractères *dorien* et *ionien*. L'application singulière que M. Fortoul fait de ces trois accents est assez curieuse pour que nous la citions. M. Fortoul compare la peinture à un langage. « Florence, dit-il, est comme un livre sacré où sont écrits tous les dialectes de ce langage divin ; les esprits à qui une organisation énergique, de hautes pensées, d'austères spectacles, ont fait contracter l'habitude de l'accent *grave*, trouveront dans l'étude de Cimabuë une introduction aux grandeurs sévères de l'art byzantin ; ceux, au contraire, qu'une nature délicate, une imagination heureuse, un ciel *piquant*, auront *doués* de l'accent *aigu*, rencontreront dans Giotto le type de l'expression naïve, de la mélodie simple et animée, de la grâce vive ; ceux, enfin, que les idées de notre époque, les tristes retours, les mouvements désordonnés, les abattements et les élans extrêmes, les caprices même les plus sombres et les plus ardents, invitent à chercher des *formes compos*ées, pourront encore, dans les œuvres de Léonard de Vinci, de Michel-Ange et de leurs contemporains, puiser les éléments d'un idiome déjà mêlé et pompeux, au fond duquel subsiste cependant d'une manière impérissable le souvenir protecteur des hautes époques. »

Nous aimons à croire qu'en écrivant ces lignes, l'auteur s'est parfaitement compris. Nous ferons remarquer toutefois combien dans la critique ces idées systématiques nuisent à la forme et conduisent à la recherche et à l'enflure. Au lieu de ce style simple et naturel des *hautes époques*, où ce que l'on conçoit clairement s'exprime facilement, on arrive, en se torturant l'esprit pour être nouveau, à torturer la langue et à une sorte de style composé ou *circonflexe*, qui est tout-à-fait le style des époques de décadence.

Ces observations paraîtront peut-être sévères à l'auteur du livre sur *l'Art en Allemagne* ; mais, lorsque M. Fortoul montre moins d'ambition, lorsqu'il se borne à définir ou à décrire, sans entreprendre de professer, il révèle trop souvent de belles qualités de style et d'analyse pour que nous lui épargnions ces critiques. Qu'il se méfie donc de l'esprit de système, de l'emphase et de la singularité prétentieuse ; ces défauts, trop communs aujourd'hui, ont pu faire la fortune de tels écrivains en haut renom sans que ce soit pour cela une raison de les imiter. Nous condamnerons, d'après les mêmes, causes, les continuelles et pathétiques apostrophes que l'auteur adresse soit à ses amis du Léman, soit aux artistes contemporains dont il analyse les ouvrages, soit même aux morts, dût-il trouver en eux des *amis secourables dans l'éternité*[9]. Ce sont là de ces bizarreries sentimentales qu'il faut laisser aux Allemands. Abandonnons-leur également ces dialogues baroques entre des monuments[10] de diverses origines ; ce lyrisme est déplacé dans une étude sérieuse de l'art. Laissons-leur aussi cette manie outrée du symbolisme, qui fait voir des symboles en tout et partout, jusque dans la disposition des liges architecturales dues aux seuls caprices, et qui, d'après M. Fortoul, selon que cette disposition serait *rectiligne* ou *ogivale*, procéderait de la matière ou de l'esprit ; jusque dans la forme aquiline de la figure d'un artiste[11], jusque dans la couleur de Rembrandt, *née des crises du doute moderne*, à ce que nous assure M. Fortoul. N'est-ce pas là pousser jusqu'à ses dernières limites cet abus de la pensée que nous condamnions tout à l'heure ?

Que M. Fortoul se préoccupe ensuite beaucoup moins des rapports qui peuvent exister entre la communion de l'universel et du particulier et la peinture ; la vie est bien courte pour la consumer dans la recherche de vérités de cette nature. Qu'il se décide enfin à appeler le plus possible les choses par leur nom et à laisser la périphrase aux débutants ; que, par exemple, il ne dise pas, pour des poutres et du bois, des *matériaux familiers*. Nous lui prédirons, alors un succès moins contestable que celui qu'il a pu obtenir. Ajoutons ; pour être juste, que tout disposé qu'il semble à s'enthousiasmer pour l'archaïsme, quelques bizarres et allemandes que soient ses vues et ses théories, toutes vagues et confuses que paraissent les formes dont il enveloppe sa pensée, le livre qu'il vient de publier est encore l'un des plus complets qui ait paru sur la matière. La plupart des chapitres qu'il renferme ont été écrits en apprenant, on le voit trop ; aucun d'eux, cependant, n'est ni absolument vide, ni dénué d'intérêt. Nous ne croyons pouvoir mieux caractériser ce livre qu'en disant que, pareil à ces œuvres rudes et inachevées de ces maîtres archaïques si vantés par M. Fortoul tout à la fois il plaît et il offense, il repousse et il attire.

M. Fortoul tombe, en plus d'un endroit, dans un défaut commun à la plupart de nos écrivains qui se sont occupés de l'Allemagne, l'exaltation trop continue des contemporains L'enthousiasme de Mme de Staël devait trouver des imitateurs. Son livre brillant nous semble le principe de cette réaction du génie du Nord contre le génie du Midi. M. Fortoul a tenté pour la peinture et les arts ce que cette femme célèbre avait exécuté pour la littérature et la poésie, la réhabilitation complète de la nationalité allemande. Malheureusement pour le succès de l'entreprise de M Fortoul, la peinture et la sculpture n'avaient point d'hommes qui pussent être comparés aux Goethe, aux Schiller, aux Klopstock. Les noms plus ou moins connus qu'il a recueillis, les œuvres plus ou moins parfaites qu'il a décrites ou analysées, sont loin d'avoir la valeur qu'il leur attribue. M. Fortoul l'a bien senti, car souvent il a forcé la mesure de l'éloge ou élargi les limites de l'indulgence. Cela est d'autant plus méritoire de sa part, que, pour arriver à cet enthousiasme tolérant, il a dû faire souvent abnégation de toute rancune patriotique et de tout amour-propre national. Il a dû oublier que ces Allemands qu'il glorifie à tout propos, ne songent, eux, qu'à déprécier les ouvrages de nos artistes les plus éminents, qu'à rabaisser nos gloires les mieux acquises, et cela non-seulement en ce qui concerne les arts du dessin, mais tous les arts en général, la poésie et la littérature, comme la peinture ou la sculpture. Naguère encore, un de leurs artistes qu'on renomme [12], n'a-t-il pas jugé convenable d'exclure absolument la France de son tableau du *Parnasse moderne* ? M. H. Schwind n'a pas trouvé qu'un seul Français fût digne d'être placé, je ne dirais pas à côté d'Arioste, de Cervantes, de Shakspeare et de Goethe, mais de Wieland, Herder et Klopstock.

La patience et la constance allemandes sont depuis longtemps proverbiales. Ces vertus du peuple, exagérées chez quelques artistes, transforment en défauts d'éminentes qualités. Nous avons vu tout à l'heure les peintres puristes et naïfs remonter à l'enfance de l'art et se faire byzantins. Il en est d'autres que des préoccupations fort différentes ont précipités dans les excès d'un autre genre. La vérité matérielle les passionne et les égare, et, pour y arriver, ils ont recours aux procédés les plus étranges et à d'inimaginables recherches. Non contents de fortifier, à l'aide d'études anatomiques, l'apparence extérieure par la réalité cachée, de modifier la forme visible de la peau par celle du muscle qu'elle revêt, la forme sensible du muscle par celle de l'os qu'il recouvre, ils se consument dans de vaines applications de l'analyse chimique des diverses parties du corps humain à la couleur. Dans le cours du dernier siècle, lorsque le goût des études mathématiques s'était universellement répandu, on a vu les peintres penseurs de l'Allemagne appliquer bizarrement la géométrie et l'algèbre aux arts du dessin. Des théoriciens [13] allèrent même jusqu'à rechercher les propriétés d'une courbe algébrique dont les contours retraceraient les traits d'un visage connu. Ils s'efforcèrent de déterminer des formes par l'analyse algébrique ou par des équations qui prises ensemble, devaient produire des ressemblances que la stéréométrie mesurerait et décomposerait à l'aide de certaines formules absolues. C'était tenter l'impossible et faire de la science, déjà bien vaine, le plus absurde emploi. De nos jours, on est tombé dans des aberrations analogues. Comme on avait fortifié le dessin par l'analyse anatomique, on a voulu perfectionner le coloris par l'analyse chimique. Mais quand ces peintres faiseurs d'expériences ont reconnu, après Vauquelin, que les cheveux et la barbe de l'homme contenaient neuf substances différentes, que les cheveux noirs renfermaient une huile noire, les cheveux blonds une huile jaunâtre, et les cheveux blancs une huile incolore ; qu'il y avait excès de soufre dans les cheveux des roux, et qu'enfin les cheveux et la barbe des vieillards devaient leur blancheur à la présence du phosphate de magnésie, croient-ils avoir fait des découvertes réellement profitables à l'art et avoir acquis, par cette puérile application des sciences naturelles, la science de la couleur ? Ils ont seulement abusé de l'analyse, comme d'autres du calcul et de la pensée.

A la suite de ces considérations critiques, nous devons maintenant faire la part de l'éloge. Cette part revient de droit aux peintres qui se sont le plus complètement affranchis de ces influences rétrogrades, aux Schnorr, aux Schadow, aux Schorn, aux Hemsel, artistes originaux chacun à sa manière. M. Schnorr n'est pas seulement un artiste de talent, c'est un homme de génie ; ses peintures du *Niebelungen* ont quelque chose du caractère grandiose et rude de cette sauvage épopée. La salle des *personnages* est l'une des productions les plus complètes de la peinture moderne. Dans les tableaux où M. Schnorr a représenté ces personnages en action, le peintre n'a peut-être pas été toujours si heureux. Néanmoins la plupart de ces terribles acteurs laissent une impression durable et profonde, car M. Schnorr est, avant tout, un poète dramatique qui manie à son gré les deux grands ressorts de l'intérêt, la terreur et la pitié. Le Christ devant Pilate, de M. Hemsel, est l'un des plus beaux tableaux de sainteté qu'aient produits les peintres de l'Allemagne moderne. Nous sommes, d'autre part, loin d'approuver la sévérité avec laquelle M. Fortoul, si indulgent pour les peintres de la Bavière, juge Schadow, et les écoles de Dusseldorf, de Berlin et de Weimar. Quelques-uns des peintres de cette dernière école se distinguent cependant par un mélange d'élévation historique et de finesse de pensée assez rare chez les Allemands. Nous citerons en première ligne M. Schorn. Son tableau du pape Paul III contemplant le portrait de Luther est peut-être le chef-d'œuvre du genre anecdotique. La figure du pape, absorbé par une sorte de méditation curieuse et fatale, est jetée avec tout le puissant abandon d'un grand maître. Le vieux prêtre placé derrière Paul partage évidemment l'émotion du pontife, mais il sait mieux la cacher. Un léger froncement de sourcil d'une admirable profondeur trahit seul toutes les colères qu'il ressent à la vue du chef de l'hérésie. Le jeune moine accoudé sur un livre et observant du coin de l'œil l'effet produit sur le vieux pape par ce portrait du chef de la nouvelle religion, est également très finement pensé. Il n'est pas jusqu'à ce Luther en peinture, qui, par la façon dont il est traité, ne quitte le caractère d'un simple accessoire pour intervenir directement dans le drame. La Bible en main, la tête haute et le sourire du mépris sur les lèvres, le téméraire semble braver en face ce pontife impuissant qui, pour étouffer les éclats de sa voix, lance vainement sur sa tête toutes les foudres du Vatican.

Les statuaires, dans ces dernières années, ont soutenu dignement la lutte avec les peintres ; retenus par la nature même de leur art qui se prête moins aisément aux caprices archaïques, ils l'emportent certainement sur eux en nouveauté et en originalité. Les *Victoires ailées* qu'achève M. Rauch, les frises de Schwanthaler, ses frontons du Walhalla, ses statues des peintres et des sculpteurs pour la Glyptothèque de Munich, celles des princes bavarois pour la salle du trône, sont autant d'œuvres qui témoignent d'une puissance réelle d'invention et d'une grande habileté d'exécution. Trois entreprises capitales occupent aujourd'hui les principaux statuaires allemands, et, si le succès couronne leurs efforts, ils leur devront sans doute une impérissable renommée. Ce sont trois statues colossales : la statue équestre du grand Frédéric par Rauch, celle de la Bavière par Schwanthaler, qui doit avoir cinquante pieds de haut, celle enfin qui couronne le monument national d'Arminius par le sculpteur Ernest de Bandel. Cette dernière, haute de quarante pieds, représente l'effigie en bronze du vainqueur de Varus. Un monument de cent dix pieds d'élévation, de style gothique primitif, sert de base à cette statue, dont la pose est d'une sauvage et triomphante énergie. Ce monument est construit sur une montagne, au milieu de la forêt de Teutoburg, à l'endroit où l'on suppose que les légions romaines furent détruites. Voilà de ces entreprises vraiment dignes d'un grand peuple.

A ces louanges particulières ajoutons des éloges plus généraux et qui concernent toute l'école allemande. Ces éloges sont surtout applicables à l'esprit de suite et d'ensemble apporté à ses travaux, à la modération des artistes chargés de leur exécution, et à la judicieuse munificence des princes qui les ont inspirés ou dirigés. S quelquefois le goût leur a fait défaut, leur libéralité a toujours été grande, et la passion de l'art les a souvent animés et soutenus. Aimés des artistes, qu'ils traitaient en confrères, ils les ont trouvés moins exigeants, et, quoique fort limités par leurs ressources, ils ont pu tenter de ces entreprises devant lesquelles eussent reculé des souverains plus riches, mais moins bien secondés. Ajoutons que la position sociale des diverses classes de la nation allemande rendait plus facile cette heureuse modération des artistes qui permet de beaucoup entreprendre à peu de frais[14]. Etrangers à ces besoins factices, à ces goûts ruineux qui ailleurs font trop souvent dégénérer l'art en spéculation, qui aboutissent inévitablement à la gêne et à l'indigence, et à la plus fatale des ruines, à la ruine du talent, les artistes de Munich et des autres grandes écoles allemandes ont peu de besoins ; leur seul luxe, c'est l'étude ; leur seule vanité, c'est de se montrer supérieurs à leurs rivaux ; l'art pour eux n'est pas un moyen, mais un but ; s'ils le cultivent, c'est moins pour s'enrichir que pour satisfaire une passion et la faire partager à d'autres. Que leur manque-t-il encore pour arriver à ce rang supérieur auquel ils ont droit ? Une préoccupation moins grande du passé.

Les habitants des bords de l'Arend-See, dans la vieille Marche, racontent que dans les grands jours d'été, à l'heure de midi, quand le soleil brille de tout son éclat, on aperçoit au fond du lac les tourelles, les murailles et le corps entier d'un vaste château qui fut englouti dans les eaux il y a nombre d'années. La tradition ajoute que ce château renferme d'immenses richesses. Des pêcheurs, tentés par cet appât, voulurent un jour s'assurer de la profondeur du lac, afin de voir s'ils pourraient, en plongeant, atteindre jusqu'à ce château. Ils firent descendre une corde, et lorsqu'ils la retirèrent, ils trouvèrent un billet qui y était attaché ; ils ouvrirent ce billet, et lurent ces mots : « Renoncez à votre folle entreprise, sans quoi vous aurez le même sort que les habitants de ce château. »

Lorsque les peintres archaïques allemands, et les disciples qu'ils ont recrutés, même de ce côté du Rhin, redescendent si témérairement vers le passé et les premières époques de la peinture, vers ces trésors de l'art enfouis sous plusieurs siècles, ils font comme ces pécheurs de l'Arend-See ; ils pourront peut-être ravir quelques richesses au vieux manoir englouti, ils ne pourraient pas le relever de ses ruines. La critique doit remplacer auprès de ces téméraires la main inconnue qui attache à la sonde l'avertissement prophétique. Au lieu de les inviter à plonger dans le passé, elle doit leur indiquer l'avenir. C'est de ce côté, vers un but nouveau, vers un mieux inconnu, que tous leurs efforts doivent tendre ; si, au lieu de les détourner d'une route funeste, elle les y poussait aveuglément, des voix solitaires et désintéressées s'élèveraient sans doute du milieu de la foule, et proclameraient tout le néant de leurs efforts ; elles leur répéteraient sans se lasser : Renoncez à votre entreprise, car tous vos efforts seront vains ; l'oubli vous dévorera comme il a dévoré vos devanciers.

Notes

1.   A Schick cependant commence, mais fort obscurément, la réaction de la peinture religieuse, que MM. Hess, Owerbeek et les peintres de leur école ont continuée. Schick, avant de s'établir à Rome et de peindre des sujets bibliques, avait étudié dans l'atelier de David. Sa couleur et son dessin se sont toujours ressentis de cette première direction, Ce peintre était originaire de Stuttgard.

2.   Les lignes suivantes, que Gérard écrivait à Cornélius en 1828, contiennent, mettant à part la légère nuance d'exagération polie que comporte toujours l'éloge adressé directement, l'appréciation la plus juste et la plus spirituellement exprimée du génie de Cornélius : « Certes, monsieur, vous occuperez une place honorable dans l'histoire des arts. Vous avez su rendre au génie de la peinture sa première jeunesse et sa première vigueur, et l'Allemagne vous devra l'honneur d'avoir accompli tout ce que les XVe et XVIe siècles lui avaient promis d'illustration. Cette

régénération sera durable, parce qu'elle est fondée sur l'étude du vrai, dont les anciens avaient un si profond sentiment, parce qu'elle est surtout d'accord avec les mœurs, l'esprit et la littérature de votre époque, et c'est en quoi cette réforme diffère des modes passagères, qui, dans d'autres pays, ont souvent modifié les arts sans leur imprimer des caractères durables. « 23 septembre 1828. » Gérard n'eût peut-être pas écrit cela vers 1810 ; nais, en 1828, la nouvelle école avait fait ses preuves, et Gérard, qui manquait un peu de ce que l'artiste allemand possédait surabondamment, n'hésitait pas à se prononcer avec ce désintéressement du combattant qui s'est retiré de la lice où il a lui-même remporté plus d'un triomphe.

3. Voir les ouvrages de MM. Dursch, Charles Meyer et Munter, dont nous avons cité les titres au commencement de cet article, ceux de MM. Puttman, Rumorh, Boisserée et de tant d'autres. Nous n'avons pu entrer dans l'analyse de ces écrits ; la matière, assez peu saisissable de sa nature, se prêtait difficilement à un travail de ce genre : nous avons dû nous contenter de combattre le résumé des doctrines de ces écrivains.

4. De l'Allemagne, seconde partie, chap. XXXI.

5. De l'Art en Allemagne, par M. Hippolyte Fortoul ; 2 vol., Paris, 1842.

6. De Rumorh, Influence de la littérature sur la nouvelle activité artistique des Allemands. Cette notice est insérée dans l'ouvrage du comte de Raczynski.

7. On les appela nazareni.

8. Il faut également que M. Fortoul ait une bien grande confiance dans la propriété de ces expressions systématiques pour avancer que le mérite de Giotto fut de déterminer dans la peinture le passage de l'époque dorienne à l'époque ionienne. De Cimabuë à Giotto il y a une nuance, rien de plus. Cimabuë commença la transformation de l'art, que Giotto continua. A la galerie de l'académie de Florence, entre l'affreuse momie qui représente la Madeleine pénitente (n° 1), ouvrage grec antérieur à la renaissance, et la Vierge environnée d'anges de Cimabuë (n° 2), qui passe pour le premier tableau de ce peintre, la distance est immense.

Frédéric Mercey

9. Voir l'apostrophe que l'auteur adresse à Hemmeling.
10. De l'Art en Allemagne, t. I, p. 227,
11. De l'Art en Allemagne, t. I, p. 21,
12. M. H. Sehwind de Vienne
13. Le comte de Lamberg, Hudde, etc., etc.
14. Les frais des constructions du château royal à Munich ne dépassent pas, en effet, 2,000,000 de florins, ou 4,000,000 de francs. On peut juger par les détails suivants, extraits de l'ouvrage du comte Raczynski, des sommes attribuées aux divers travaux de peinture et de sculpture de ce palais :

Gassen	4,300 florins
Herman	4,500
Folz	5,500
Kaulbach (salle du trône)	3.600
Hess	7,200
Hiltensperger	3,700
Schwanthaler (les deux antichambres)	7,200
Schnorr (jusqu'en 1835)	24,750

ISBN : 978-1975713454